UN COUP D'OEIL

SUR LA VIE MILITAIRE

DU

GÉNÉRAL BOREL

MINISTRE DE LA GUERRE

De FANJEAUX, Canton de Castelnaudary, département de l'Aude

EN PROSE ET EN VERS

Par Me Lucien DELORD

Avocat, ancien Avoué, de Castelnaudary (Aude)

TOULOUSE
IMPRIMERIE DOULADOURE
Rue Saint-Rome, 39
—
1878

Prix : 1 franc

UN COUP D'OEIL

SUR LA VIE MILITAIRE

DU

GÉNÉRAL BOREL

MINISTRE DE LA GUERRE

De FANJEAUX, canton de Castelnaudary, département de l'Aude

EN PROSE ET EN VERS

Par Me Lucien DELORD

Avocat, ancien Avoué, de Castelnaudary (Aude)

───◇◇◇◇◇───

TOULOUSE
IMPRIMERIE DOULADOURE
rue Saint-Rome, 39
—
1878

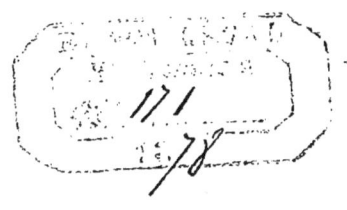

UN COUP D'ŒIL

SUR LA VIE MILITAIRE

DU

GÉNÉRAL BOREL

MINISTRE DE LA GUERRE

Après avoir chanté le plus grand maréchal,
Patrice Mac-Mahon, qui de la République
Fut élu Président, militaire loyal,
Tout amour pour la France, et que j'appelle unique,
Il me sera permis, et c'est même un devoir
D'un de ses lieutenants de vous dire l'histoire,

Du général Borel, que le chef du pouvoir
A voulu s'attacher ; son mérite, sa gloire
Avaient fait quelque bruit, et Castelnaudary
Peut le revendiquer, il est originaire
Du pays de Fanjeaux ; dans l'état militaire
Il a fait son chemin, et bien grand, le voici :
De Saint-Cyr il sortit dans le mois de novembre,
C'était en l'an trente-huit, quinzième numéro,
Nommé sous-lieutenant dès le mois de décembre,
Et sans beaucoup tarder, notre jeune héros
Passe à l'état-major, dont il est le cinquième ;
En l'an quarante-trois, et dans le régiment
Qu'il connaissait déjà, le quarante-sixième,
Il alla prendre place et se mettre à son rang.
Il faut au général une vie émouvante,
Il n'a guère cessé d'aller tambour battant
Et de faire campagne ; à son humeur bouillante
Il fallait du nouveau, si bien que Cavaignac
Et Mac-Mahon après, sur la terre d'Afrique
Le prirent avec eux, déjà la République
Caressait sa raison, prêt à prendre le sac
Pour lui donner crédit ; on le vit en Crimée
Suivre son général, et jusques au sommet
De la tour Malakoff, le danger lui plaisait ;

Bismark apparaissant, la France est alarmée,
En chef d'état-major, il garde l'intérieur,
Et se porte à la Loire avec un corps d'armée,
Borel était connu sans reproche et sans peur,
Un chevalier Bayard, enfin par son mérite,
Le ministre le prit pour chef de cabinet,
Et malgré son travail, il prépara de suite
Pour le bien de l'armée, un grand et beau projet;
Français, tel est Borel, on a donc pu le faire
Ministre de la guerre, et c'est là son affaire.

Nous venons de parler de M. Borel comme général, il reste à l'envisager Ministre de la guerre, et faisant ses débuts, en cette qualité à la tribune de la Chambre des députés ; voulant conserver à son discours son caractère propre qui est celui d'une éloquence incontestable et éminemment patriotique, nous le donnerons sans commentaire et tel qu'il a été prononcé.

M. le président Jules Grévy :

M. le Ministre de la guerre a la parole sur le chapitre du budget, se référant à l'hôtel des Invalides.

M. le Ministre de la guerre s'est ainsi exprimé :

« Messieurs, déjà l'année dernière, la Commission du budget a demandé sur le chapitre des Invalides une réduction de 100,000 fr. ; cette réduction a été admise ; une Commission a été nommée, elle a étudié d'une façon laborieuse et fait ressortir les points sur lesquels peuvait porter la réduction. »

De son côté, le Ministre de la guerre a proposé, cette année, sur le même chapitre une réduction de 35,000 fr.

La Commission du budget demanda en sus une réduction de 60,000 fr., ce qui porterait à près de 100,000 fr. la réduction totale qu'aurait à subir le chapitre des Invalides.

Mais à raison du chiffre élevé de cette réduction, je me demande si c'est une simple économie à laquelle on vise, ou si l'on ne poursuit pas plutôt la suppression de l'institution même. Je crois que là est le véritable terrain de la question, je vais donc plaider la cause des Invalides.

Sans discuter la question de droit qui pourrait m'entraîner trop loin, je crois devoir cependant, pour éclairer la Chambre, lui rappeler qu'avant 1832, l'institution des Invalides possédait une très-riche dotation et un capital d'environ deux millions.

Une loi du 21 avril 1832 supprima la dotation, et les deux millions qui étaient le fruit des économies furent versés dans la caisse du Trésor ; l'Etat s'emparant de tout, prenait nécessairement l'engagement d'honneur de subvenir à tous les besoins de l'institution, en lui conservant son véritable caractère ; s'il en était autrement, ce serait un déni de justice, une véritable spoliation.

A partir de cette époque, l'Etat a tenu plus ou moins bien ses engagements, des crédits législatifs ont été votés, mais depuis quelques années, ces crédits ont diminué suivant une telle progression que l'institution des Invalides va se trouver dans l'impossibilité de fonctionner, et que, par conséquent, c'est son existence même qui se trouve menacée ; ce n'est pas la première fois, au reste, qu'elle se trouve réduite à une aussi déplorable situation ; déjà en 1791, par suite de réclamations de plusieurs invalides qui voulaient l'abolition de l'hôtel, l'Assemblée nationale, après une discussion très-animée, en vota le maintien.

Quelques années plus tard, en l'an VI, le Directoire exécutif, dans un message au Conseil des Cinq Cents, s'occupait de la question des Invalides, il maintenait la dotation et caractérisait ainsi l'hôtel des Invalides :

« Cette maison, asile des braves républicains qui ont » versé leur sang pour la défense de la liberté et de la » patrie, gage de la reconnaissance nationale. » Enfin, le message se terminait en invitant les représentants du pays à ordonner que, sous aucun prétexte, le produit de la retenue de 2 p. % qui constituait en grande partie la dotation des Invalides, ne pourrait être employé à aucun autre objet. La Chambre voudra-t-elle se montrer moins généreuse et moins juste que l'Assemblée nationale et que le Directoire ?

Par suite de réductions successives, le budget des Invalides, qui a été de plus de trois millions, est réduit aujourd'hui à moins de 900,000 fr.

Dans ce moment, le nombre des pensionnaires est réduit à moins de cinq cents, on ne peut pas aller plus loin, et même je crois qu'on a dépassé la mesure.

De nombreuses demandes sont faites par des militaires qui sollicitent l'entrée aux Invalides, et qui ne peuvent y être admis qu'après plusieurs mois et même plusieurs années d'attente.

Quoi qu'il en soit, il importe de faire remarquer que les pensionnaires qui se trouvent actuellement à l'hôtel sont ceux dont la situation est la plus pénible et la plus intéressante, soit parce qu'ils n'ont pas de familles, soit parce qu'ils sont plus cruellement mutilés que leurs camarades; qu'en fera-t-on ? La retraite est insuffisante pour subvenir aux soins que réclame leur situation physique par suite de leurs blessures et de leurs infirmités; si l'on supprime les Invalides, je ne vois d'autre moyen de secourir ces malheureux que de les placer dans des établissements hospitaliers, mais une pareille mesure serait une ingratitude révoltante ! Vous arrachez à leurs familles des hommes que vous soumettez à des lois exceptionnellement sévères, vous leur enlevez leur liberté, vous leur demandez toute espèce de sacrifices, jusqu'à celui de leur existence, et quand, après avoir rempli noblement leurs devoirs, ils reviennent mutilés, vous voudriez les traiter comme ces malheureux que recueille la charité publique? Non, Messieurs, vous ne le ferez pas, c'est impossible! on leur doit davantage. Si l'institution des Invalides n'existait pas, il faudrait la créer à l'exemple des autres Etats; mais elle existe, et vous voudrez la maintenir, non pas comme un hôpital, avec la livrée de l'assistance publique, mais en lui conservant ce caractère de prestige et de grandeur dont elle n'a pas cessé d'être entourée depuis son origine, vous conserverez aux Invalides leur hôtel, leur gouverneur, leur uniforme, et enfin tout ce qui leur rappelle leur existence militaire, et pour les rapprocher de l'armée dont ils ont été les glorieux exemples. Je demande donc le rejet de cette réduction de 60,000 fr., sans lesquels l'institution des Invalides ne pourrait subsister.

Ce débat s'est terminé par un vote qui a adopté le chapitre au chiffre de 830,543 fr. Même succès à la Chambre haute.

C'est là parler en maître, et dans toute la France
Il sera question de la noble vaillance
Du général Borel, il l'a porté bien haut,
Comme il le méritait, l'hôtel des Invalides,
L'asile des blessés, de nos anciens héros,
Il existe pourtant des gens assez stupides
Pour vouloir sur l'hôtel une réduction,
Qui votée induirait à sa suppression ;
Alors ces mutilés iraient dans leur famille,
S'il leur en reste encore, ou dans ces hôpitaux
Ouverts aux indigents ; sont-ce là des cadeaux
Dignes de ces martyrs, et de la croix qui brille
Sur l'habit de plusieurs ? Vous ne le voudrez pas,
Nul Français dirigeant ne tombera si bas !

Le général Borel dans cette circonstance,
S'inspirant de son cœur, a trouvé des accents
Qui lui mériteront force applaudissements
De la part de tous ceux qui veulent que la France
Soit bonne, hospitalière en faveur des enfants
Qui, quand vint le péril, et leur sang et leur vie
Ont tout sacrifié pour leur chère patrie,
Pouvons-nous maintenant délaisser ces géants,
Ces héros d'autrefois, ces pauvres invalides?
Grâce à vous, ils auront le pain de chaque jour,
Chez eux, à leur hôtel, objet de leur amour,
En vivant de la sorte, ils seront plus valides.
Il a fait augmenter le taux de la retraite
Pour les soldats, aussi pour les sous-officiers;
Et comme de raison, ils figurent en tête.
Encore autre bienfait, grâce à l'intervention
Du général Borel : notre exposition,
Tant qu'elle durera, va devenir la source
D'une prime, par jour elle sera d'un franc,
Officier, capitaine ont seuls cet excédant.
Quant aux sous-officiers, quelle loi favorable
Le général Borel a su faire voter?
Voulant les conserver, il les a fait doter
Pour un rengagement d'une prime incroyable,

Deux mille six cents francs, six cents payés comptant,
Et le surplus ne l'est qu'à la fin du service.
Pour qu'ils n'aient à souffrir le moindre sacrifice,
L'intérêt est servi trimestriellement.
Général, un seul mot et je laisse la plume,
Nous vivons au milieu de gens extravagants.
Je les connais par cœur, ils sont intransigeants,
C'est volonté de fer, dure comme une enclume.
Entendez-les, sur tout voulant avoir raison,
On pourrait cependant leur faire la leçon.
Le Français est changeant ; si j'ai bonne mémoire,
A votre avénement vous fûtes acclamé,
Les journaux à l'envi parlaient de votre gloire,
Mais depuis quelque temps vous êtes entamé,
On vous tire dessus, les hommes passent vite,
On veut les remplacer, quel que soit leur mérite,
Toutefois, je crois bien qu'en leur montrant les dents,
Ils seraient moins hautains, surtout moins insolents ;
De leur force ou du nombre, ils en parlent sans cesse ;
Ils s'en gaudissent trop, elle peut cette presse
Les faire trébucher, et tombant de bien haut,
Ils vont se fracasser, et l'on criera bravo.
A bientôt, nous dit-on, le major Labordère,
Ils comptent là-dessus pour vous embarrasser,

Vous allez leur répondre en ministre de guerre.
A cheval sur la loi, vous devez terrasser
Les indisciplinés, avec vous est la France,
La France bien pensante, ayez donc confiance ;
Elle sait qu'avec vous, il n'est pas de quartier,
Un ordre étant donné, ne peut le militaire
Le discuter en rien : obéir et se taire,
Il n'a pas d'autre droit, l'exige son métier.

Toulouse, Imprimerie Douladoure.

www.ingramcontent.com/pod-product-compliance
Lightning Source LLC
Chambersburg PA
CBHW062004070426
42451CB00012BA/2644